AF175698

Impressum
Verlag: BABADADA GmbH, Nedderfeld 112 , 22529 Hamburg
Geschäftsführer / Verlagsleitung: Harald Hof
Druck: Books on Demand GmbH, In de Tarpen 42, 22848 Norderstedt

Imprint
Publisher: BABADADA GmbH, Nedderfeld 112 , 22529 Hamburg, Germany
Managing Director / Publishing direction: Harald Hof
Print: Books on Demand GmbH, In de Tarpen 42, 22848 Norderstedt

ishuri

el colegio

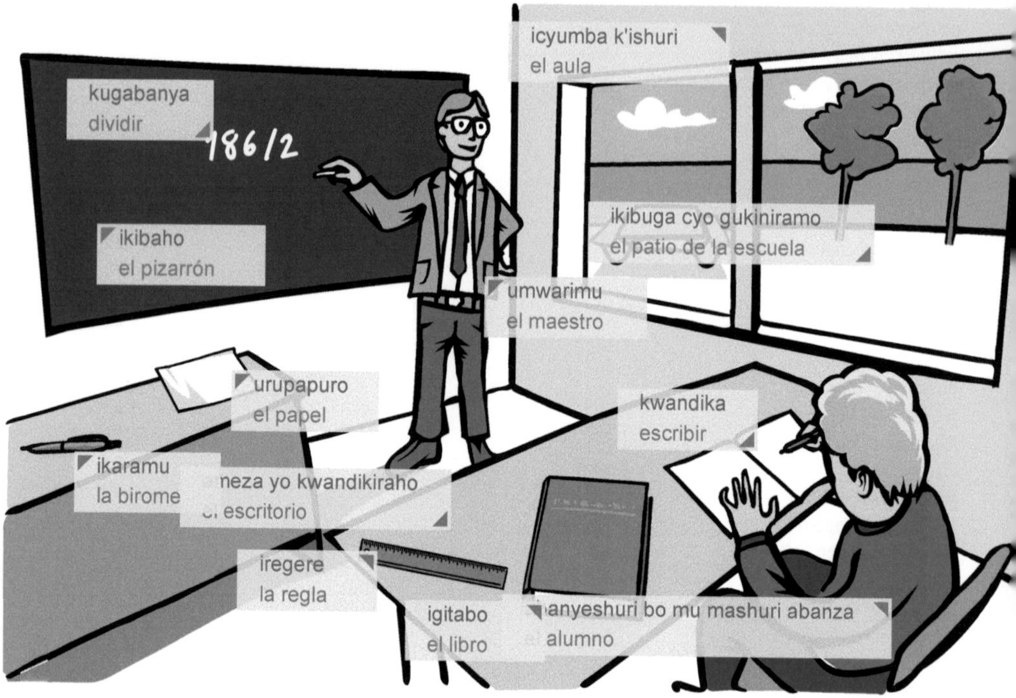
icyumba k'ishuri
el aula
kugabanya
dividir
186/2
ikibaho
el pizarrón
ikibuga cyo gukiniramo
el patio de la escuela
umwarimu
el maestro
urupapuro
el papel
kwandika
escribir
ikaramu
la birome
neza yo kwandikiraho
escritorio
iregere
la regla
igitabo
el libro
anyeshuri bo mu mashuri abanza
alumno

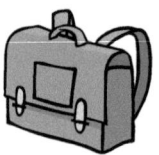

agahago k'ishuri

la mochila

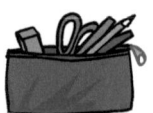

agasanduku k'amakaramu y'igiti

la caja de lápices

ikaramu y'igiti

el lápiz

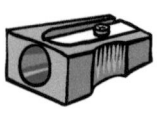

tayekereyo

el sacapuntas

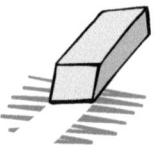

igome

la goma (de borrar)

ikayi yo gushushanya

el bloc de dibujo

igishushanyo

el dibujo

uburoso bwo gusigisha

el pincel

agasanduku k'amarangi y'amabara

la caja de pinturas

umukasi

la tijera

kore

el pegamento

ikayi y'imyitozo

el cuaderno de ejercicios

umukoro w'imuhira

la tarea

umubare

el número

guteranya

sumar

gukuramo

restar

gukuba

multiplicar

kubara

calcular

ibaruwa

la letra

inyuguti uko zikurikirana

el abecedario

ijambo

la palabra

umwandiko

el texto

gusoma

leer

ingwa

la tiza

isomo

la lección

igitabo cyo kwiyandikishamo

el cuaderno de clase

ikizami

el examen

impamyabumenyi

el certificado

umwambaro w'ishuri

el uniforme escolar

uburezi

la educación

inkoranyamagambo

la enciclopedia

kaminuza

la universidad

mikorosikope

el microscopio

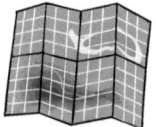

ikarita

el mapa

pubere

el tacho (de basura)

urugendo

el viaje

hoteli
el hotel
Grand
inzu y'amacumbi
el hostel
ROOMS
EXCHANGE
ku muvunjayi
la casa de cambio
ivarisi
la valija
imodoka
el auto

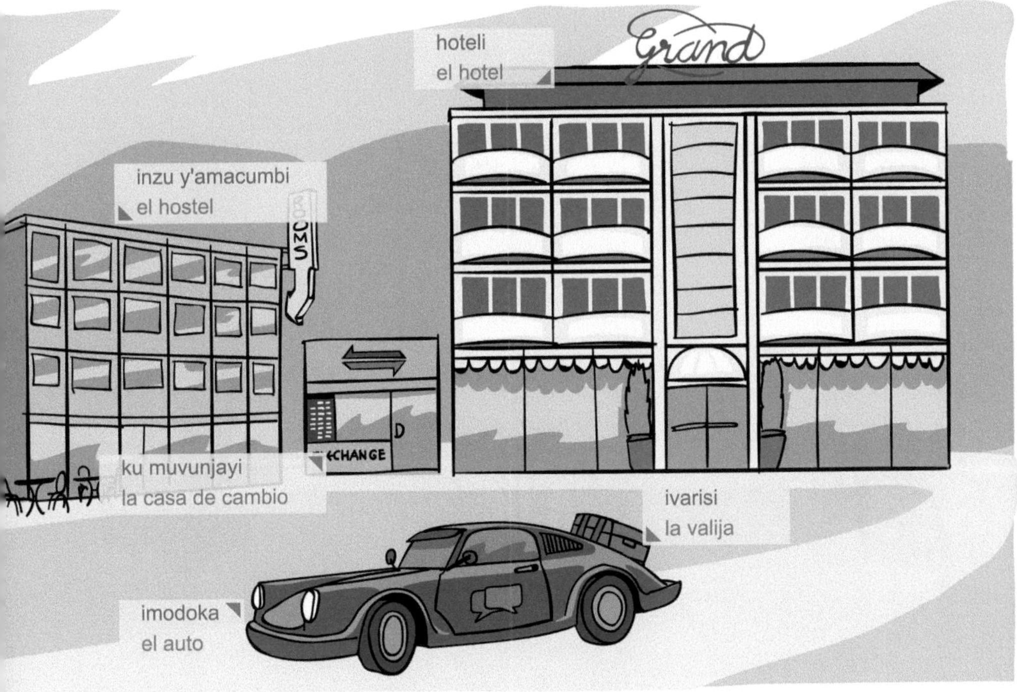

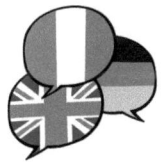

ururimi

el idioma

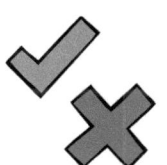

yego / oya

sí / no

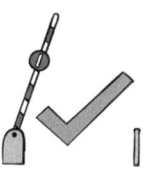

Yego

Está bien

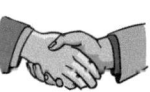

bite

hola

umusemuzi

el traductor

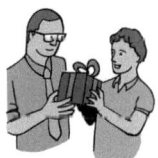

Murakoze

Gracias

ni angahe...?

¿cuánto cuesta...?

Sinsobanukiwe

No entiendo

ikibazo

el problema

wiriwe!

¡Buenas tardes!

Waramutse

¡Buenos días!

Ijoro ryiza

¡Buenas noches!

bayi

el adiós

ikerekezo

la dirección

imizigo

el equipaje

igikapo

el bolso

igikapo baheka

la mochila

umushyitsi

el invitado

icyumba

la habitación

agafuko baryamamo

la bolsa de dormir

ihema

la carpa

nakuru y'ahasurwa na ba
mukerarugendo

la información turística

ku musenyi wo ku mazi

la playa

ikarita ya banki

la tarjeta de crédito

ifunguro ryo gusamura

el desayuno

ifunguro rya ku manywa

el almuerzo

ifunguro rya nimugoroba

la cena

itike

el pasaje

asanseri

el ascensor

itembure

el sello

umupaka

la frontera

gasutamo

la aduana

ambasade

la embajada

viza

la visa

pasiporo

el pasaporte

gutwara abantu n'ibintu
el transporte

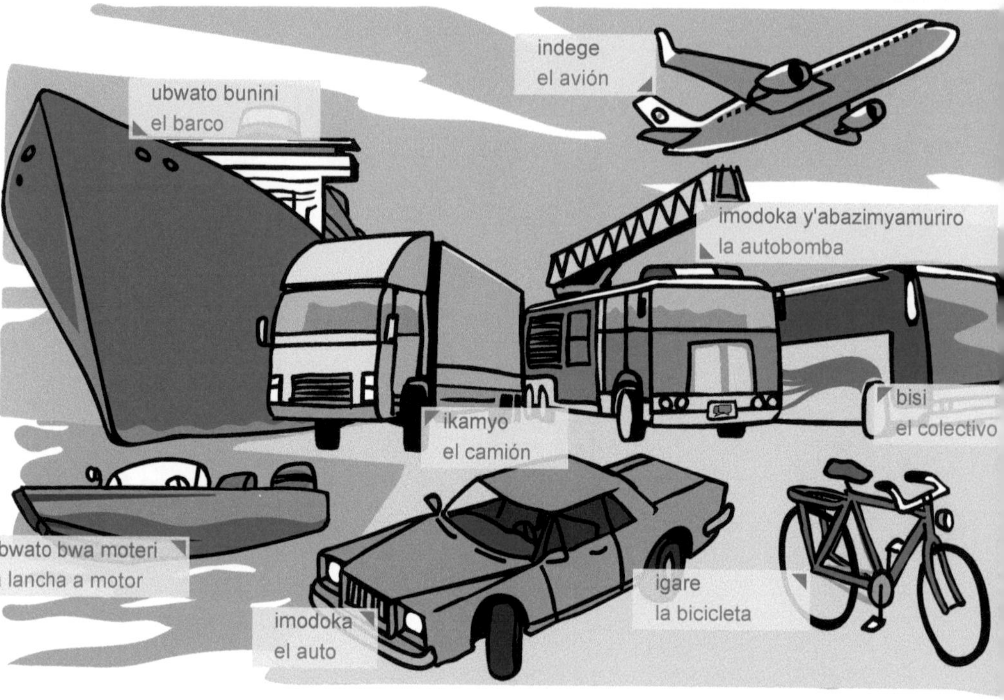

indege
el avión
ubwato bunini
el barco
imodoka y'abazimyamuriro
la autobomba
bisi
el colectivo
ikamyo
el camión
ubwato bwa moteri
la lancha a motor
igare
la bicicleta
imodoka
el auto

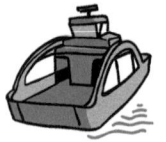

ubwato bwambutsa imizigo n'abantu

el ferry

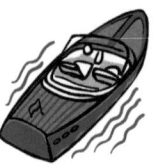

ubwato

el bote

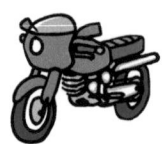

ipikipiki

la moto

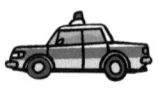

imodoka ya polisi

el patrullero

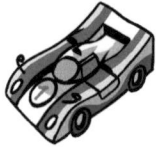

imodoka ya kuruse

el auto de carreras

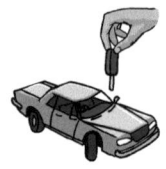

imodoka ikodeshwa

el auto de alquiler

gusangira imodoka

el alquiler de autos

imodoka iterura izindi

la grúa

imodoka iyora imyanda

el camión de la basura

moteri

el motor

lisansi

la nafta

sitasiyo ya lisansi

la estación de servicio

cyapa kiyobora imodoka

la señal de tránsito

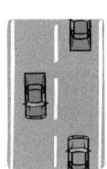

urujya n'uruza rw'imodoka

el tránsito

ambuteyaje

el embotellamiento

parikingi y'imodoka

el estacionamiento

gare ya gariyamoshi

la estación de tren

inzira ya gariyamoshi

las vías

gariyamoshi

el tren

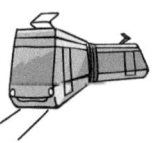

bisi ikoresha
amashanyarazi

el tranvía

agatete k'imizigo gakururwa
n'imodoka

el vagón

kajugujugu

el helicóptero

ikibuga k'indege

el aeropuerto

umunara

la torre

umugenzi

el pasajero

konteneri

el contenedor

ikarito

la caja de cartón

akagorofani ko mu iduka

la carretilla

agaseke

la canasta

kuguruka / kururuka

despegar / aterrizar

umugi

la ciudad

umudugudu

el pueblo

mu mujyi rwagati

el centro de la ciudad

inzu

la casa

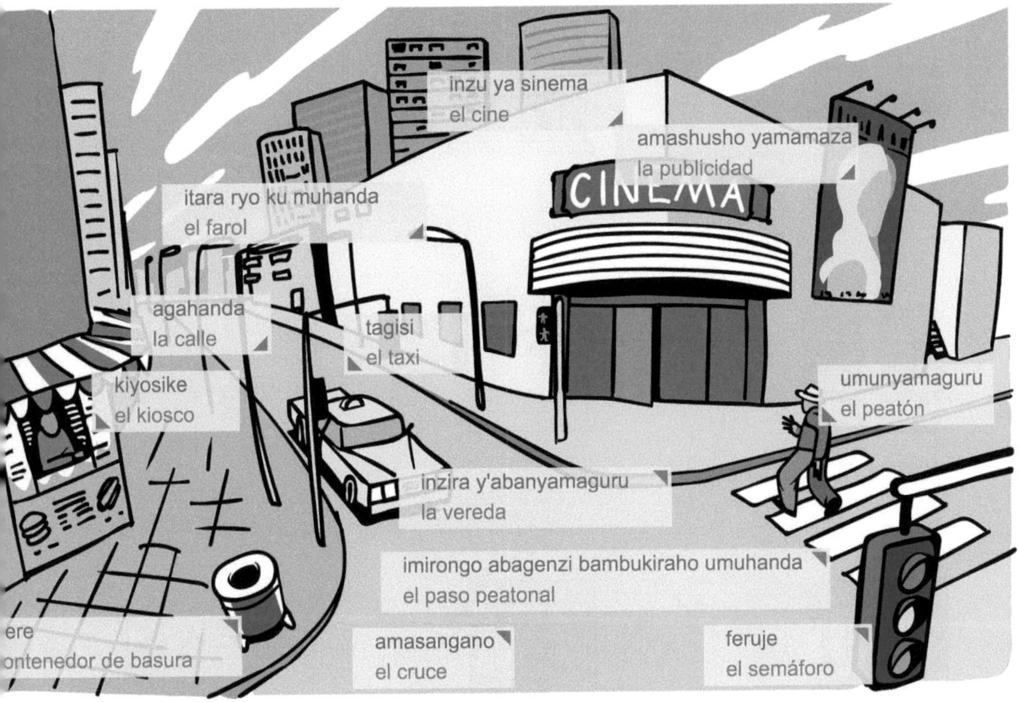

inzu ya sinema
el cine

amashusho yamamaza
la publicidad

itara ryo ku muhanda
el farol

agahanda
la calle

tagisi
el taxi

kiyosike
el kiosco

umunyamaguru
el peatón

inzira y'abanyamaguru
la vereda

imirongo abagenzi bambukiraho umuhanda
el paso peatonal

ere
ontenedor de basura

amasangano
el cruce

feruje
el semáforo

akaruri
la cabaña

inzu ifatanye n'izindi
el departamento

gare ya gariyamoshi
la estación de tren

ibiro bya meya
la municipalidad

inzu ndangamurage
el museo

ishuri
el colegio

kaminuza

la universidad

banki

el banco

ibitaro

el hospital

hoteli

el hotel

farumasi

la farmacia

ibiro

la oficina

inzu bagurishirizamo ibitabo

la librería

iduka

el negocio

umucuruzi w'indabo

la florería

amangazini manini

el supermercado

isoko

el mercado

idepo

las grandes tiendas

umucuruzi w'amafi

la pescadería

iduka rinini

el centro comercial

icyambu

el puerto

parike

el parque

intebe y'urubaho

el banco

iteme

el puente

amadarajya

las escaleras

inzira yo munsi y'ubutaka

el subte

umuhanda wo munsi y'ubutaka

el túnel

icyapa cya bisi

la parada del colectivo

bare

el bar

resitora

el restaurante

gasanduku k'amabaruwa

el buzón

icyapa cyo ku muhanda

el letrero

mubazi ya parikingi

el parquímetro

zoo

el zoológico

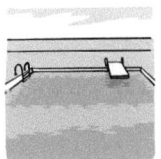

pisine

la pileta

umusigiti

la mezquita

ifamu

la granja

kwangiza umwuka

la contaminación

irimbi

el cementerio

ikiriziya

la iglesia

ikibuga k'imikino

los juegos infantiles

urusengero

el templo

umurambi

el paisaje

ikibabi
la hoja

icyapa kiyobora
el poste indicador

inzira
el camino

umukenke
la pradera

ibuye
la piedra

umuntu utembera mu misozi
el excursionista

igiti
el árbol

umugezi
el río

ibyatsi
la hierba

indabo
la flor

ikibaya

el valle

agasozi

la montaña

ikiyaga

el lago

ishyamba

el bosque

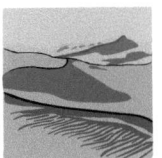

ubutayu

el desierto

ikirunga

el volcán

ingoro

el castillo

umukororombya

el arco iris

icyobo

el champiñón

ikigazi

la palmera

umubu

el mosquito

isazi

la mosca

intozi

la hormiga

uruyuki

la abeja

igitagangurirwa

la araña

ikivumvuri

el escarabajo

igikeri

la rana

inkima

la ardilla

imbuni

el erizo

urukwavu

la liebre

igihunyira

la lechuza

inyoni

el pájaro

igishuhe

el cisne

isatura

el jabalí

ingeragere

el ciervo

impongo

el alce

urugomero

la presa

igipanga kikaraga kikazana
umuyaga

el aerogenerador

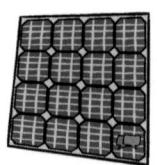

urubaho rukurura imirasire

el panel solar

ikirere

el clima

resitora
el restaurante

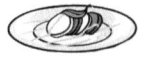

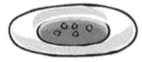

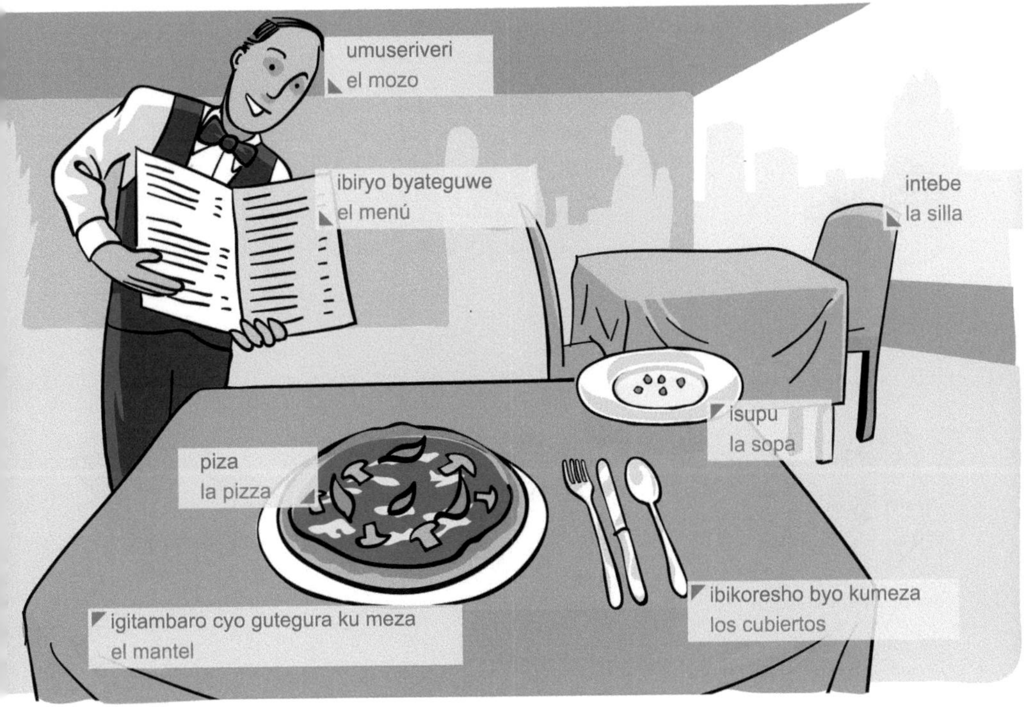
umuseriveri
el mozo
ibiryo byateguwe
el menú
intebe
la silla
isupu
la sopa
piza
la pizza
ibikoresho byo kumeza
los cubiertos
igitambaro cyo gutegura ku meza
el mantel

aperitifu

la entrada

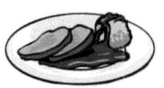

isahani nkuru

el plato principal

deseri

el postre

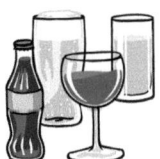

ibinyobwa

las bebidas

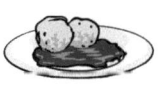

ibiribwa

la comida

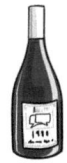

icupa

la botella

ibiryo barya bagenda

la comida rápida

ibiryo byo kumuhanda

la comida callejera

ibirika y'icyayi

la tetera

agakombe k'isukari

la azucarera

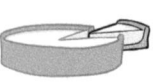

isahani y'ibiryo

la porción

imashini y'ikawa ya esipereso

la cafetera expreso

intebe ndende

la sillita alta

inyemezabuguzi

la cuenta

ipurato

la bandeja

icyuma

el cuchillo

ikanya

el tenedor

ikiyiko

la cuchara

akayiko k'icyayi

la cucharita

seriviyete

la servilleta

ikirahure cyo kunywesha

el vaso

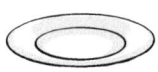

isahani
el plato

isahani y'isupu
el plato hondo

agasutasi
el plato

isosi
la salsa

agacupa k'umunyu
el salero

agasekuru k'urusenda
el molinillo de pimienta

vinegere
el vinagre

amavuta
el aceite

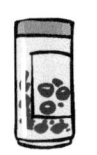

ibirunge
las especias

kecapu
el kétchup

mutaride
la mostaza

mayonezi
la mayonesa

amangazini manini
el supermercado

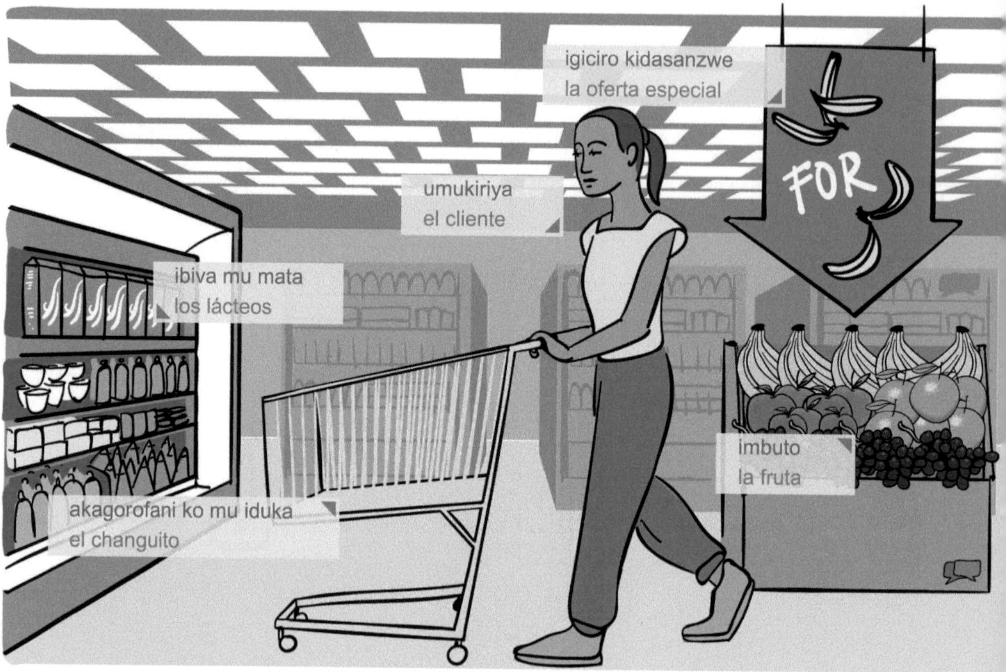

igiciro kidasanzwe
la oferta especial
FOR
umukiriya
el cliente
ibiva mu mata
los lácteos
imbuto
la fruta
akagorofani ko mu iduka
el changuito

BUTCHERS

busheri

la carnicería

BAKERY

buranjeri

la panadería

gupima ibiro

pesar

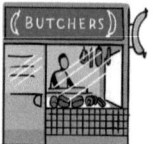

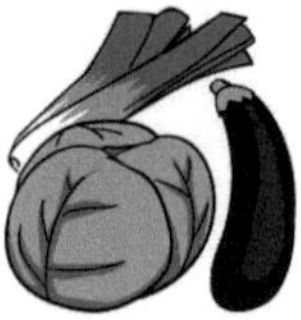

imboga

las verduras

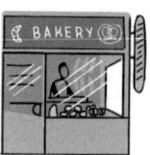

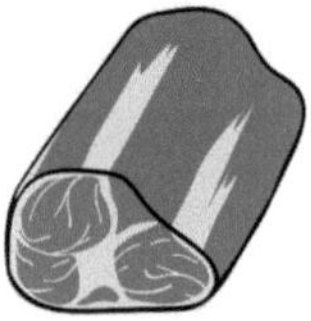

inyama

la carne

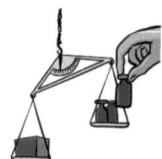

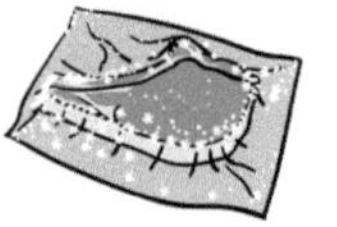

ibiryo bakonjesheje

los alimentos congelados

inyama zikonje

los fiambres

ibiryo byo mu makopo

los alimentos enlatados

isabune y'ifu

el detergente en polvo

bombo

las golosinas

ibikoresho byo mu rugo

los electrodomésticos

imiti isukura

los productos de limpieza

umucuruzikazi

la vendedora

kukesa

la caja

umubitsi

el cajero

urutonde rwo guhaha

la lista de compras

amasaha haba hafunguye

el horario de atención

ipotomoni

la billetera

ikarita ya banki

la tarjeta de crédito

umufuka

la cartera

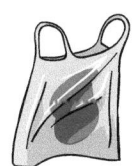

imifuko ya pulasitike

la bolsa de plástico

amazi

el agua

umutobe

el jugo

amata

la leche

koka

la bebida cola

divayi

el vino

byeri

la cerveza

inzoga

el alcohol

shokora ishyushye

el cacao

icyayi

el té

ikawa

el café

ikawa ya esipereso

el café expreso

kapucino

el cappuccino

umuneke

la banana

pome

la manzana

icunga

la naranja

wotameloni

el melón

indimu

el limón

karoti

la zanahoria

tungurusumu

el ajo

umugano

el bambú

urutunguru

la cebolla

icyoba

el champiñón

ubunyobwa

las nueces

amakaroni

los fideos

spageti
......
los tallarines

umuceri
......
el arroz

salade
......
la ensalada

udufiriti
......
las papas fritas

ibirayi by'ifiriti
......
las papas fritas

piza
......
la pizza

hamburugeri
......
la hamburguesa

sanduwici
......
el sándwich

escalope
......
el churrasco

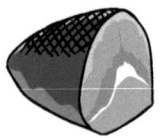

jambo
......
el jamón

salami
......
el salame

sosiso
......
la salchicha

inkoko
......
el pollo

kotsa
......
el asado

ifi
......
el pescado

igikoma cy'uburo

los copos de avena

pisitashi

el muesli

impeke

los copos de maíz

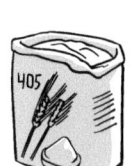

ifu

la harina

kuruwasa

la medialuna

amandazi

el pancito

umugati

el pan

umugati wumishijwe

la tostada

ibisuguti

las galletitas

amavuta

la manteca

forumaje year

la cuajada

keke

la torta

igi

el huevo

umureti

el huevo frito

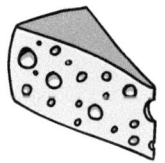

forumaje

el queso

ayisikirimu

el helado

isukari

el azúcar

ubuki

la miel

konfitire

la mermelada

shokora

la pasta de chocolate

kiri

el curry

ifamu
la granja

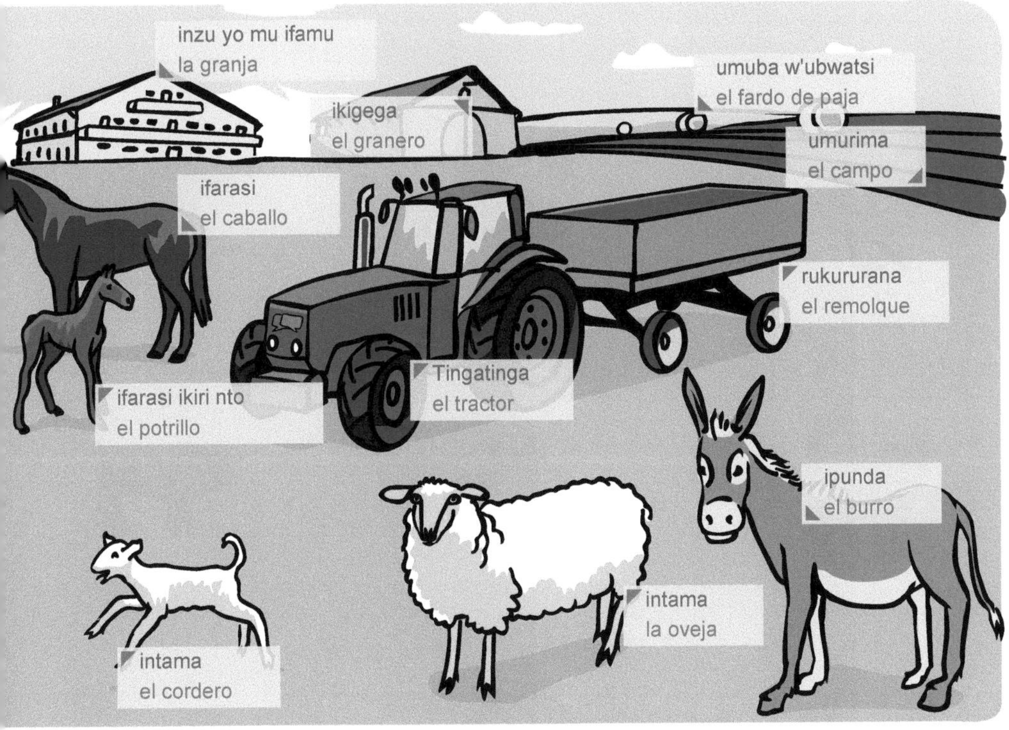
inzu yo mu ifamu
la granja
ikigega
el granero
umuba w'ubwatsi
el fardo de paja
umurima
el campo
ifarasi
el caballo
rukururana
el remolque
Tingatinga
el tractor
ifarasi ikiri nto
el potrillo
ipunda
el burro
intama
la oveja
intama
el cordero

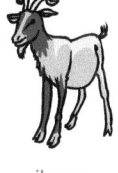

ihene

la cabra

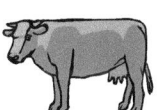

inka

la vaca

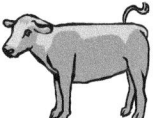

umutavu

el ternero

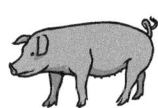

ingurube

el cerdo

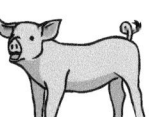

ikibwana k'ingurube

el lechón

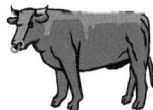

ikimasa

el toro

igishuhe

el ganso

imbata

el pato

umushwi

el pollo

inkokokazi

la gallina

isake

el gallo

imbeba

la rata

injangwe

el gato

imbeba

el ratón

ikimasa

el buey

imbwa

el perro

ikiruka

la cucha

itiyo ijyana mu karima

la manguera

arozuwari

la regadera

najuru

la guadaña

imashini ihinga

el arado

najuru

la hoz

isuka

la azada

rato

la horquilla

ishoka

el hacha

ingorofani

la carretilla

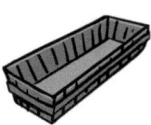

ikibumbiro

el abrevadero

inkongoro

la lechera

igunira

la bolsa

urugo

la reja

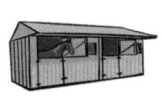

ikiraro

el establo

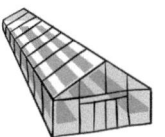

inzu ihingwamo

el invernadero

ubutaka

el suelo

imbuto zo gutera

la semilla

ifumbire

el fertilizador

imashini isarura

la cosechadora

gusarura

cosechar

umusaruro

la cosecha

ibikoro

las batatas

ingano

el trigo

soya

la soja

ikirayi

la papa

ikigori

el maíz

umwayi weze

la semilla de colza

igiti k'imbuto

el árbol frutal

umwumbati

la mandioca

impeke

los cereales

inzu
la casa

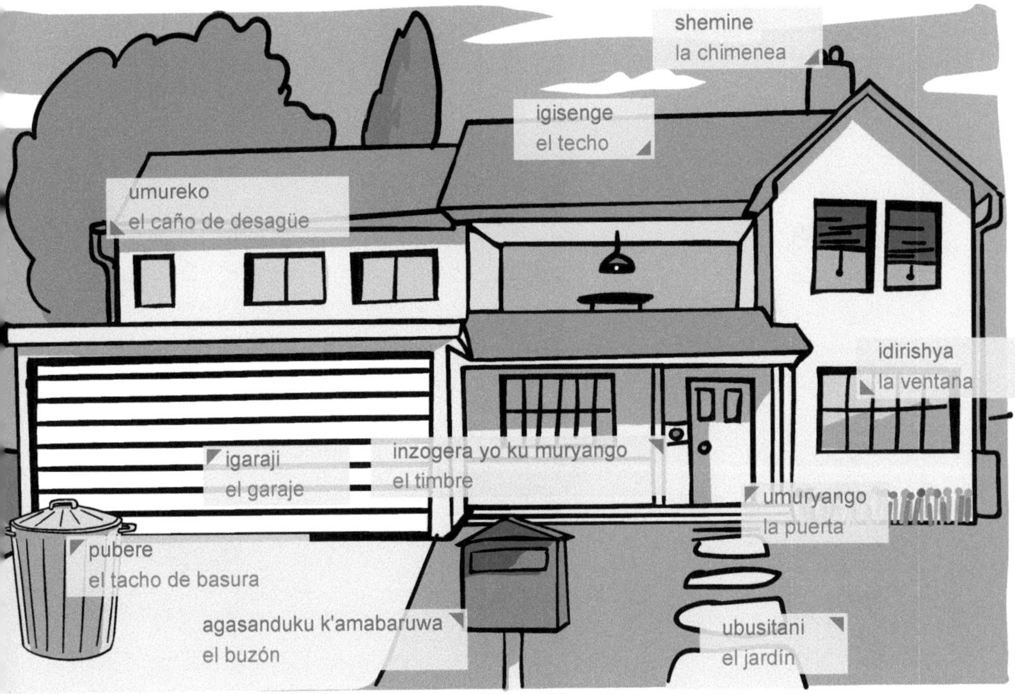
shemine
la chimenea
igisenge
el techo
umureko
el caño de desagüe
idirishya
la ventana
igaraji
el garaje
inzogera yo ku muryango
el timbre
umuryango
la puerta
pubere
el tacho de basura
agasanduku k'amabaruwa
el buzón
ubusitani
el jardín

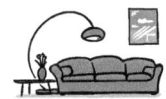

icyumba cy'uruganiriro
....
el living

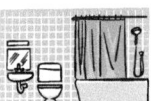

ubwogero
....
el baño

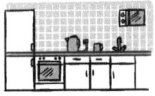

igikoni
....
la cocina

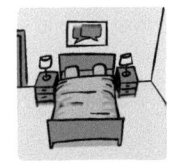

icyumba cyo kuraramo
....
el dormitorio

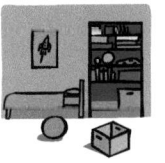

icyumba cy'abana
....
el cuarto de los chicos

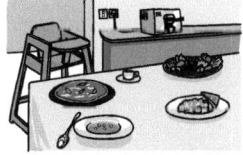

uburiro
......
el comedor

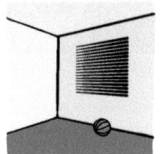

hasi

el piso

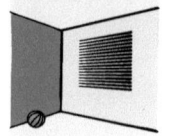

urukuta

la pared

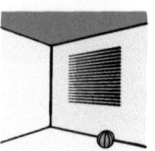

purafo

el cielorraso

kave

el sótano

sawuna

el sauna

urubaraza

el balcón

ku rubaraza

la terraza

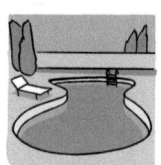

pisine

la pileta

imashini ikupakupa

la cortadora de pasto

umwenda utwikira

la sábana

kuvureri

el acolchado

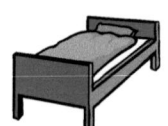

igitanda

la cama

umweyo

la escoba

indobo

el balde

enteributeri

el interruptor

icyumba cy'uruganiriro
el living

urupapuro rwomekwa ku rukuta
el empapelado
ifoto
la imagen
itara
la lámpara
etajere
el estante
akabati
el armario
televiziyo
la televisión
shemine
la chimenea
indabo
la flor
umusego
el almohadón
ifoteyi nini
el sofá
icyungo k'indabo
el florero
terekomande
el control remoto

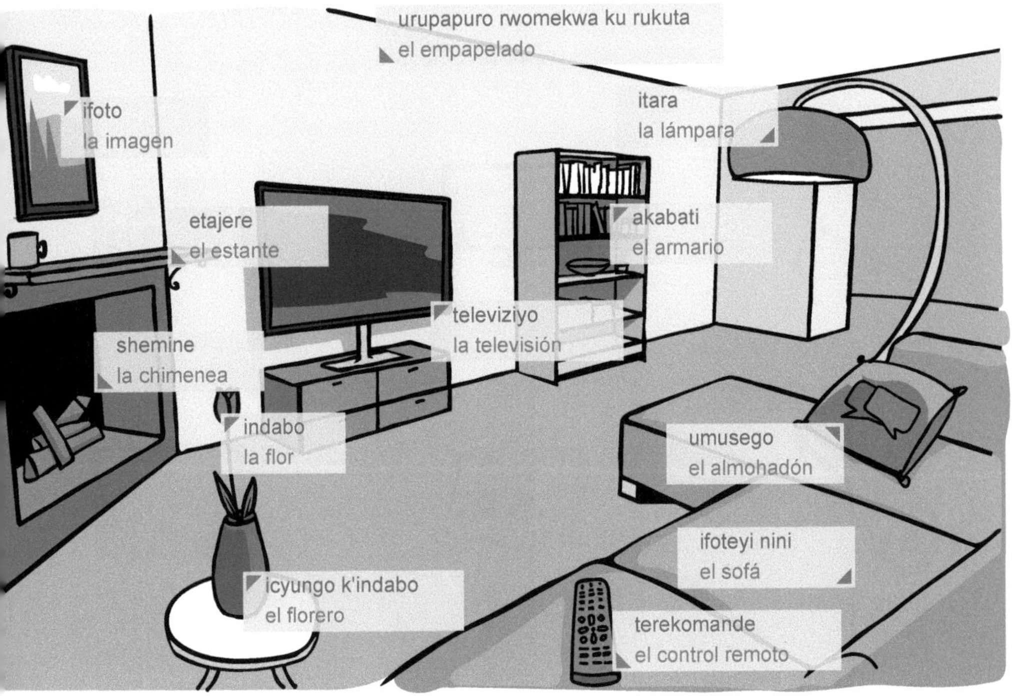

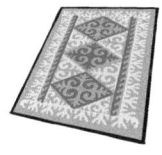

itapi

la alfombra

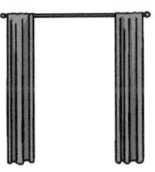

rido

la cortina

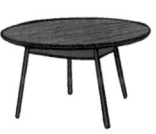

ameza

la mesa

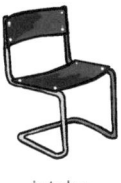

intebe

la silla

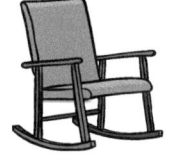

intebe yizengurutsa

la mecedora

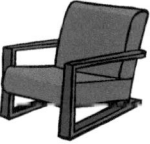

ifoteyi

el sillón

igitabo

el libro

uburingiti

la frazada

umutako

la decoración

inkwi

la leña

filimi

la película

ibikoresho bya hifi

el equipo de música

urufunguzo

la llave

ikinyamakuru

el diario

ishusho

la pintura

icyapa

el póster

iradiyo

la radio

ikarine

el cuaderno

umweyo wa kizungu
ukoresha umwka

la aspiradora

ikimungu

el cactus

buji

la vela

igikoni
la cocina

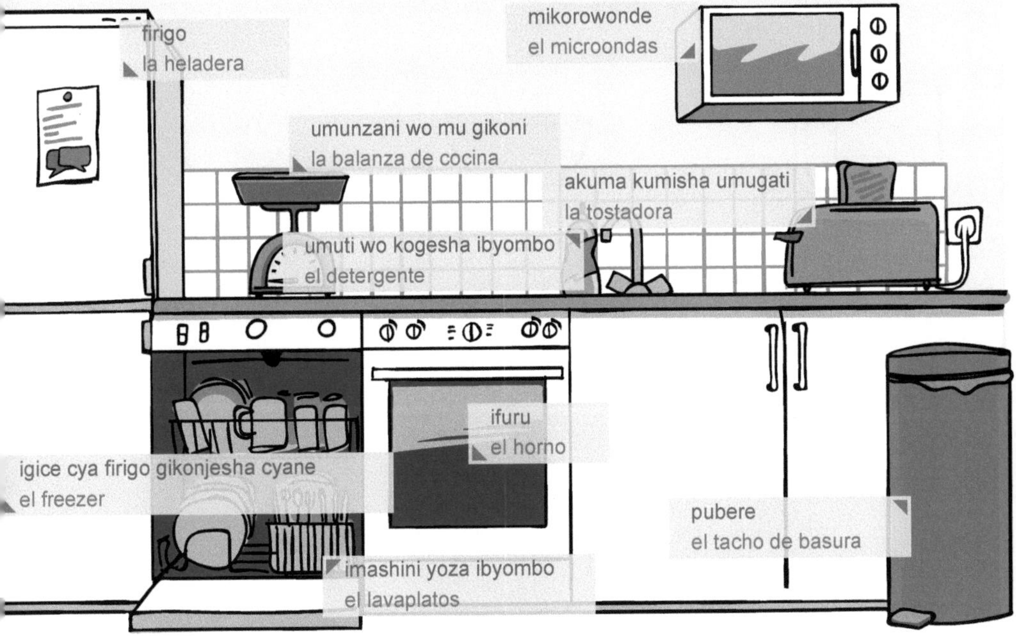
firigo
la heladera
mikorowonde
el microondas
umunzani wo mu gikoni
la balanza de cocina
akuma kumisha umugati
la tostadora
umuti wo kogesha ibyombo
el detergente
ifuru
el horno
igice cya firigo gikonjesha cyane
el freezer
pubere
el tacho de basura
imashini yoza ibyombo
el lavaplatos

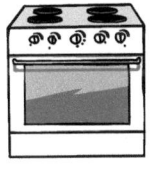

iziko
la cocina

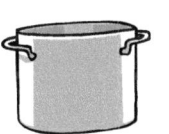

icyungo
la olla

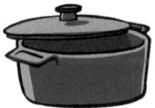

inkono y'icyuma
la olla de hierro fundido

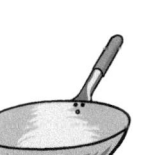

ipanu ifukuye cyane
el wok

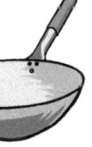

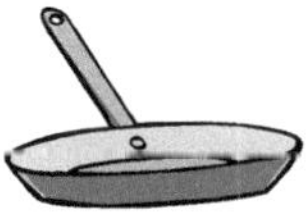

ipanu
la sartén

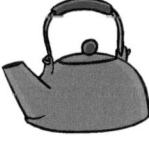

ibirika
la pava

isafuriya ya peresiyo

la vaporera

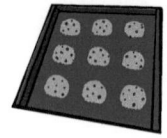

isahani yo mu ifuru

la bandeja de horno

ibyombo

la vajilla

igikombe

la taza

isorori

el bol

uduti abashinwa barisha

los palitos

ikiyiko kigabura

el cucharón

Ikiyiko cyarura ifiriti

la espátula

umutozo

la batidora

paswari

el colador

akayunguruzo

el colador

agaharuzo ka karoti

el rallador

isekuru

el mortero

icyokezo

la parrilla

shomine

la fogata

akabaho ko gukatiraho
imboga
....
la tabla de picar

umwuko
....
el palo de amasar

urufunguzo rwa divayi
....
el sacacorchos

agakopo
....
la lata

urufunguzo rw'amakopo
....
el abrelatas

umukondo w'icyungo
....
la manopla

ravabo
....
la pileta

uburoso
....
el cepillo

iponji
....
la esponja

mixer
....
la batidora

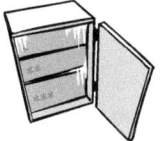

firigo itambitse
....
el congelador

bibero
....
la mamadera

robine
....
la canilla

ubwogero
el baño

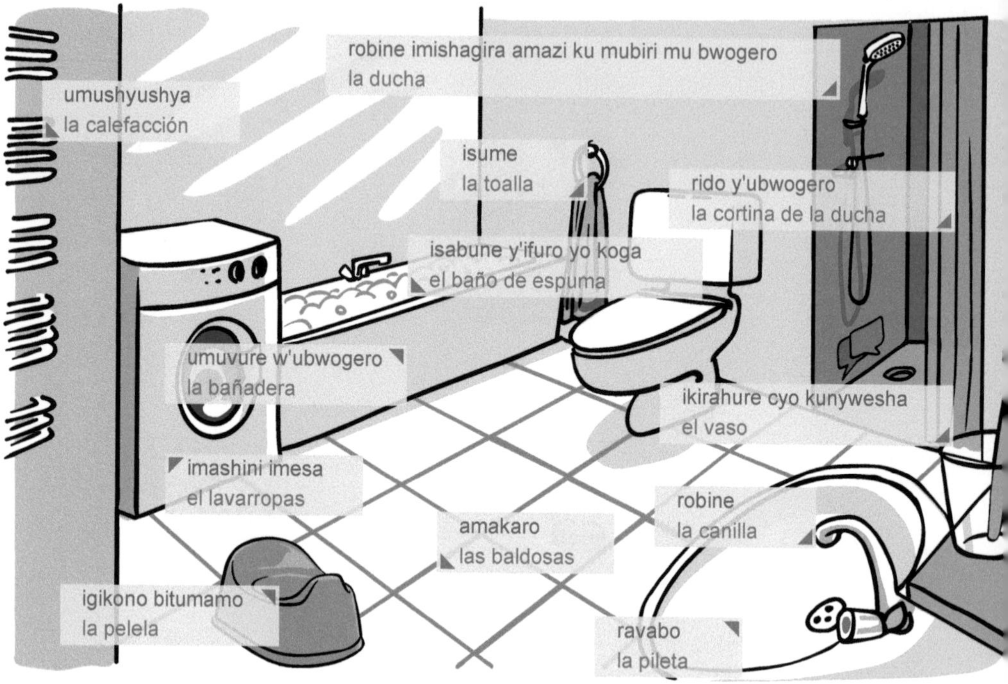

robine imishagira amazi ku mubiri mu bwogero
la ducha
umushyushya
la calefacción
isume
la toalla
rido y'ubwogero
la cortina de la ducha
isabune y'ifuro yo koga
el baño de espuma
umuvure w'ubwogero
la bañadera
ikirahure cyo kunywesha
el vaso
imashini imesa
el lavarropas
robine
la canilla
amakaro
las baldosas
igikono bitumamo
la pelela
ravabo
la pileta

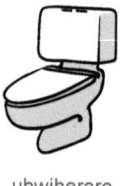

ubwiherero
el inodoro

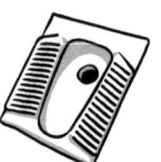

umusarani wo gusutama
la letrina

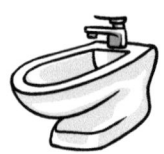

igikono cy'ubwiherero bwo mu nzu
el bidé

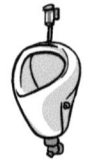

aho bihagarika
el mingitorio

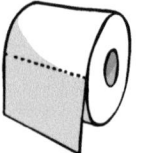

papiyejenike
el papel higiénico

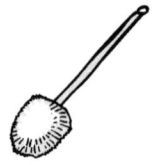

uburoso bwo mu bwiherero
el cepillo para el inodoro

uburoso bw'amenyo

el cepillo de dientes

korogati

el dentífrico

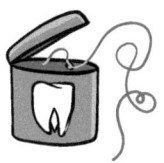

akagozi ko kwihaganyuza amenyo

el hilo dental

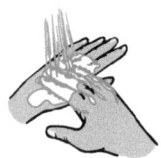

gukaraba

lavar

akamishagira amazi ku mubiri bafata mu ntoki

la ducha de mano

ubwogero bw'amazi yisuka

la ducha higiénica

vabo bakarabiramo intoki

la palangana

uburoso bwo kwitsiritisha mu mugongo

el cepillo para la espalda

isabune

el jabón

sabune yo mu bwogero

el gel de ducha

isabune yo kumeshesha umusatsi

el shampoo

icyangwe cyo kwiyuhagiza

la toallita

uyobora amazi yanduye

el desagüe

ikimuri

la crema

umubavu

el desodorante

ikirori cyo mu ntoki

el espejo

ikirori cyo mu ntoki

el espejito

urwembe

la maquinita de afeitar

ifuro ryo kurinda imiburu

la espuma de afeitar

umuti ukingira imiburu

el aftershave

igisokozo

el peine

uburoso

el cepillo

imashini yumisha umusatsi

el secador de pelo

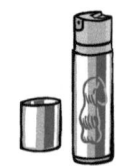

amarashi y'umusatsi

el spray

igishahuro cyo kwitera

el maquillaje

rujalevure

el lápiz de labios

verini y'inzara

el esmalte para uñas

ipamba

el algodón

agasena inzara

la tijera para uñas

umubavu

el perfume

igafuka k'ibikoresho byo
mu bwogero

el portacosméticos

intebe

la banqueta

umunzani

la balanza

ikanzu yo kujyana mu
bwogero

la bata

udupfukantoki two
gusukuza

los guantes de goma

urubindo

el tampón

udupapuro two
vihanaguza mu bwiherero

la toallita femenina

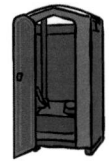

ubwiherero bwimukanwa

el baño químico

icyumba cy'abana

el cuarto de los chicos

inzogera y'isaha ikangura
el despertador
igipupe gikoze mu myenda
el peluche
udukinisho tw'imodoka
el coche de juguete
ikinyuguri
el sonajero
inzu y'ibipupe
la casa de muñecas
impano
el regalo

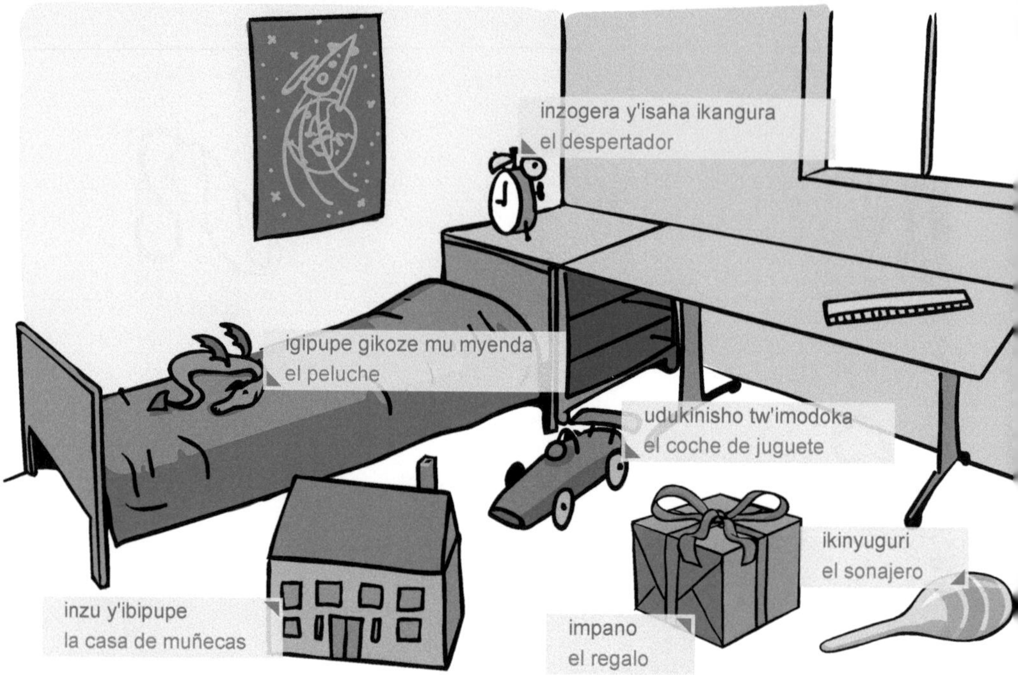

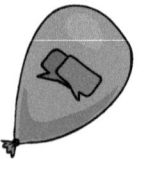

ballon

el globo

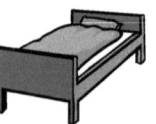

igitanda

la cama

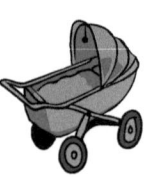

agapusipusi

el cochecito

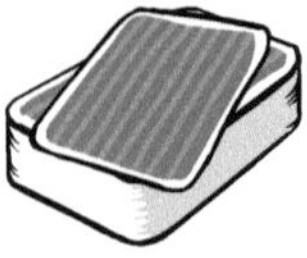

amakarita

las cartas

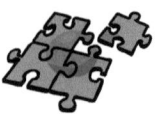

kubaka ishusho bacagaguye

el rompecabezas

SUPER MEGA

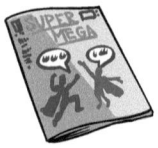

inkuru isetsa

la historieta

ucomekanya udutafari
las piezas de lego

udutafari tw'udukinisho
los ladrillos de juguete

igikinisho
la figura de acción

ipinjama y'uruhinja
el enterito (de bebé)

gutera indege
el frisbee

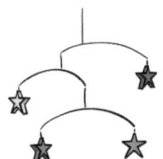

terefoni ngendanwa
el móvil para bebés

mikino yo kuganiriraho
el juego de mesa

igisoro
los dados

gariyamoshi y'igikinisho
el tren eléctrico

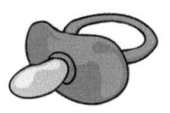

ikinyonyo
el chupete

umunsi mukuru
la fiesta

arubumu
el libro de cuentos ilustrado

umupira
la pelota

agapupe
la muñeca

gukina
jugar

igikarito cy'umucanga

el arenero

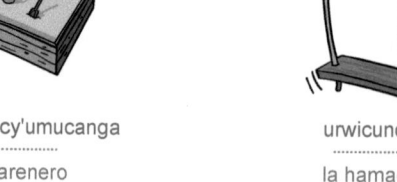

urwicundo

la hamaca

ibikinisho

los juguetes

agasanduku k'imikino yo kuri videwo

la consola de videojuegos

akagare k'imipine itatu

el triciclo

igipupe k'ibyoya

el osito de peluche

akabati k'imyenda

el armario

imyambaro

la ropa

amasogisi

las medias

amasogisi afatanye n'ikariso

las medias panty

kora

las calzas

akitero
la bufanda

umutaka
el paraguas

umukandara
el cinturón

agapira ko hejuru
la remera

bote
las botas

inkweto zo kubyukana
las pantuflas

superese
las zapatillas

isandari
las sandalias

inkweto
los zapatos

bote za kawucu
las botas de goma

ımyenda y'Imbere
la ropa interior

isuliye
el corpiño

isengeri
el chaleco

body

el body

ipantalo

los pantalones

ikoboyi

los jeans

ijipo

la pollera

ishati y'abagore

la blusa

ishati

la camisa

umupira w'imbeho

el pulóver

umupira w'ingofero

el buzo

agakoti

el blazer

ijaketi

la campera

ikoti

el tapado

ikoti ry'imvura

el piloto

umwambaro w'ibikino

el traje

ikanzu

el vestido

ikanzu y'abageni

el vestido de novia

kostitimu

el traje

ikanzu yo kurarana

el camisón

ipinjama

el pijama

nukenyero w'abahindikazi

el sari

igitambaro cyo mu mutwe

el pañuelo para la cabeza

urugori

el turbante

imwitandiro uhisha isura

la burka

ikanzu ndende

el caftán

igishura

la abaya

imyenda yo
kwidumbaguzanya

el traje de baño

ikariso yo
kwidumbaguzanya

el short de baño

ikabutura

los shorts

tereningi

el jogging

itaburiya

el delantal

udupfukantoki

los guantes

igipesu

el botón

amadarubindi

los anteojos

igikomo

la pulsera

umukufi

el collar

impeta

el anillo

iherena

el aro

ingofero

la gorra

porutemanto

la percha

ingofero

el sombrero

karuvati

la corbata

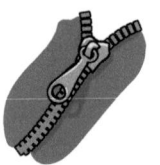

imashini yo ku mwenda

el cierre

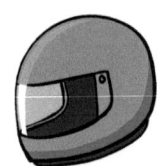

kasike

el casco

amaburuteri

los tiradores

umwambaro w'ishuri

el uniforme escolar

impuzankano

el uniforme

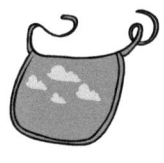

agakingirankonda

el babero

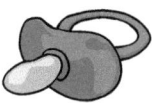

ikinyonyo

el chupete

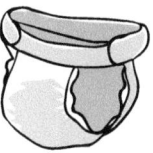

amaranje

el pañal

ibiro

la oficina

seriveri
el servidor
akabati k'impapuro
el archivero
empirimante
la impresora
urupapuro
el papel
ekara
el monitor
suri
el mouse
ameza yo kwandikiraho
el escritorio
karaseri
la carpeta
karaviye
el teclado
intebe
la silla
pubere
el tacho (de basura)
mudasobwa
la computadora

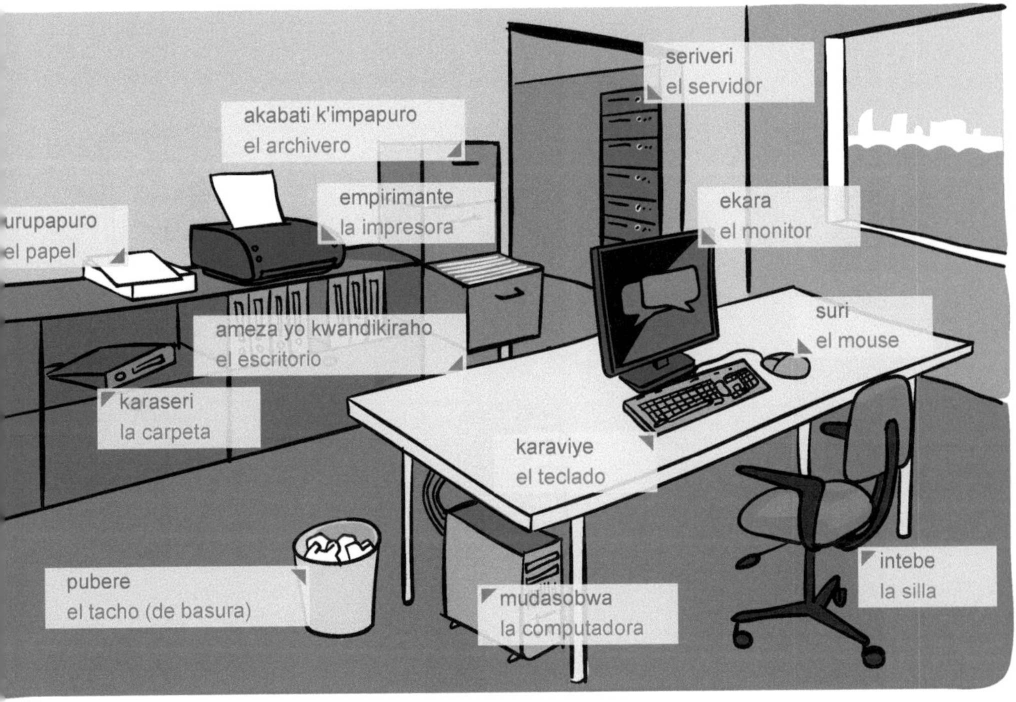

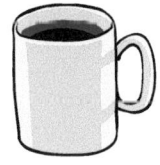

igikombe k'ikawa

la taza de café

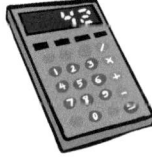

akabarisho

la calculadora

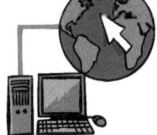

enterineti

el internet

laputopu

la laptop

ibaruwa

la carta

ubutumwa

el mensaje

ngendanwa

el celular

netiwake

la red

fotokopiyeze

la fotocopiadora

porogaramu

el software

telefoni

el teléfono

purize

el tomacorriente

imashini yohereza fagisi

el fax

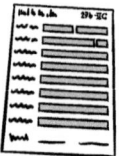

fomu

el formulario

inyandiko

el documento

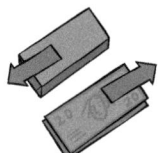

kugura

comprar

kwishyura

pagar

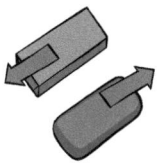

gucuruza

hacer negocios

amafaranga

el dinero

idorari

el dólar

iyero

el euro

iyeni

el yen

irubure

el rublo

ifaranga ry'irisuwisi

el franco suizo

iriyuwani

el yuan

irupi

la rupia

icyuma cya banki
babikurizaho

el cajero automático

ku muvunjayi

la casa de cambio

zahabu

el oro

feza

la plata

peteroli

el petróleo

ingufu z'amashanyarazi

la energía

igiciro

el precio

kontaro

el contrato

tagisi

el impuesto

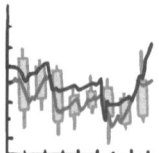

isoko ryo kugura no kugurisha

la acción

gukora

trabajar

umukozi

el empleado

umukoresha

el empleador

uruganda

la fábrica

iduka

el negocio

umupolisi
el policía

umuzimyamuriro
el bombero

umutetsi
el cocinero

muganga
el médico

umupilote
el piloto

umujaridiniye
el jardinero

umubaji
el carpintero

umudozi
la modista

umucamanza
el juez

umunyabutabire
el farmacéutico

umukinnyi wa filimi
el actor

umushoferi wa bisi

el colectivero

umushoferi wa tagisi

el taxista

umurobyi

el pescador

umugore ushinzwe gukora isuku

la mucama

umufundi usakara

el techista

umuseriveri

el mozo

umuhigi

el cazador

umuntu usiga irangi

el pintor

Umuntu ukora imigati

el panadero

Umuntu ukora mu mashanyarazi

el electricista

umufundi

el albañil

injenyeri

el ingeniero

umubazi

el carnicero

umutnu ukora mu mazi

el plomero

umuparanto

el cartero

umusirikare

el soldado

umwubatsi

el arquitecto

umubitsi

el cajero

untu ukora mu by'indabo

el florista

kimyozi

el peluquero

komvuwayeri

el cobrador

umukanishi

el mecánico

kapiteni

el capitán

muganga w'amenyo

el dentista

umuhanga muri siyansi

el científico

rabi

el rabino

imamu

el imán

umumwane

el monje

umuyobozi w'idini

el sacerdote

ibikoresho
las herramientas

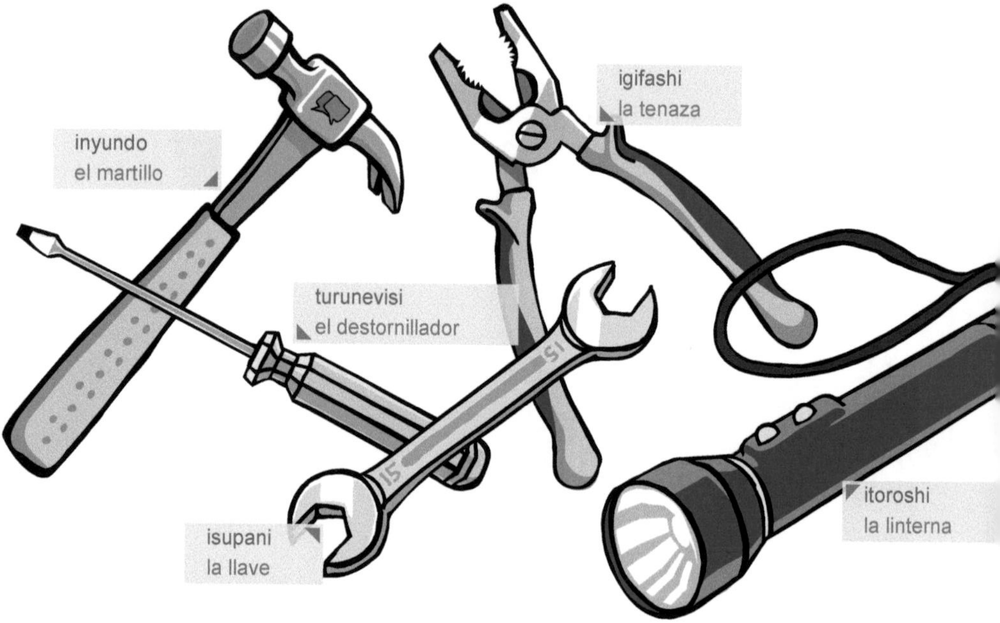
inyundo
el martillo
igifashi
la tenaza
turunevisi
el destornillador
isupani
la llave
itoroshi
la linterna

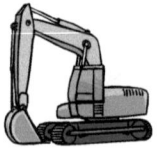

ipiki
la excavadora

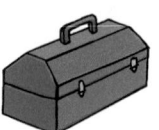

isanduku y'ibikoresho
la caja de herramientas

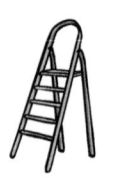

urwego
la escalera portátil

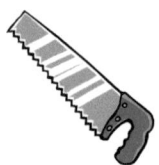

urukero
la sierra

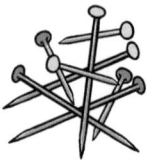

imisumari
los clavos

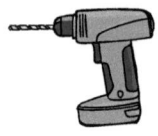

itindo
el taladro

gusana
arreglar

igitiyo
la pala de jardín

wo gacwa we
¡Qué bronca!

igitiyo
la pala de plástico

igikombe k'irangi
el tacho de pintura

amavisi
los tornillos

ibyuma by'umuziki

los instrumentos musicales

umuzindaro
el parlante

ingoma z'ikizungu
la batería

gitari
la guitarra

gitari y'ijwi ryo hasi
el contrabajo

urumbeti
la trompeta

piyano

el piano

iningiri

el violín

gitari idunda

el bajo

sembare

los timbales

ingoma

el tambor

inanga ya kizungu

el teclado

sagisofone

el saxofón

umwirongi

la flauta

indangururamajwi

el micrófono

umuryango
la entrada

igitaragwe
el tigre

ikibuti
la jaula

imparage
la cebra

ibiryo by'amatungo
el alimento para animales

panda
el oso panda

inyamaswa

los animales

inzovu

el elefante

kanguru

el canguro

inkura

el rinoceronte

ingagi

el gorila

idubu

el oso

ingamiya

el camello

imbuni

el avestruz

intare

el león

inguge

el mono

uruyongoyongo

el flamenco

gasuku

el loro

idubu yo mu bukonie

el oso polar

inyoni yo ku mazi

el pingüino

igifi kinini

el tiburón

inyoni y'amasunzu

el pavo real

inzoka

la serpiente

ingona

el cocodrilo

umurinzi

el cuidador del zoológico

umuhuri

la foca

ingwe

el jaguar

icyana k'ifarasi

el poni

ingwe

el leopardo

imvubu

el hipopótamo

umusumbarembo

la jirafa

inkona

el águila

isatura

el jabalí

ifi

el pescado

akanyamasyo

la tortuga

igifi k'imikaka

la morsa

umuhari

el zorro

isha

la gacela

zoo - el zoológico

Futuboro y'abanyamerika
el fútbol americano

gusiganwa ku magare
el ciclismo

tenisi
el tenis

Basiketi
el básquet

umukino wo koga
la natación

umukino w'amakofe
el boxeo

Hoke yo ku rubura
el hockey sobre hielo

umupira w'amaguru

el fútbol

umukino wa badminton

el bádminton

abakina imikino
ngororamubiri

el atletismo

handibolo

el handball

guserereka kuri neje

el esquí

polo

el polo

ibikorwa

las actividades

usimbuka
saltar
guhobera
abrazar
guseka
reír
kugenda
caminar
kuririmba
cantar
kurota
soñar
gusenga
rezar
gusomana
besar

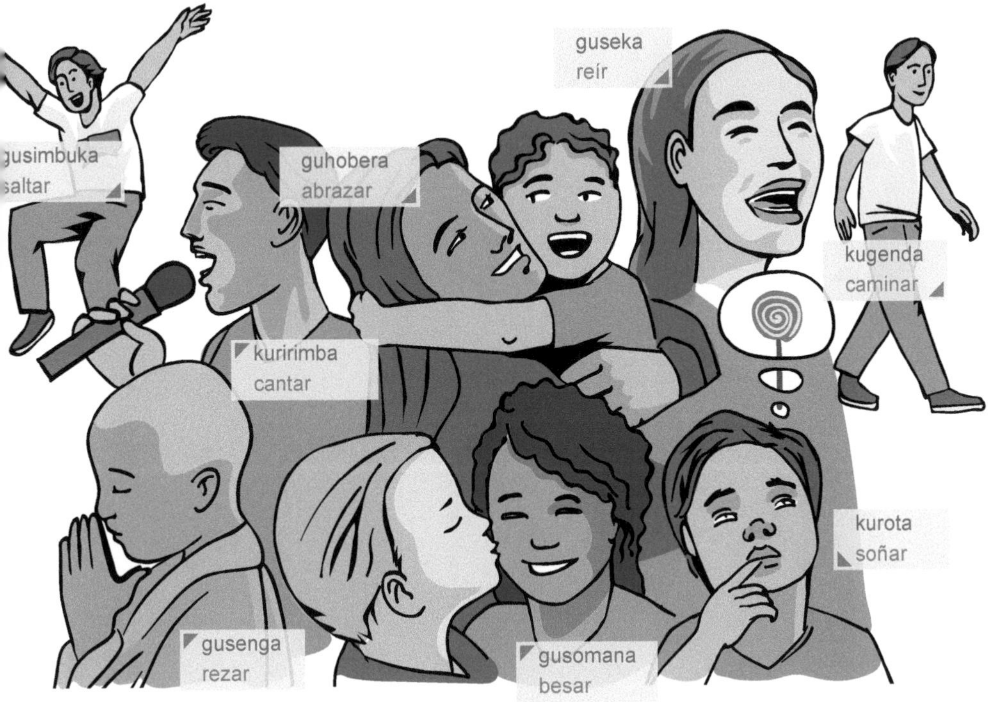

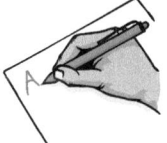

kwandika

escribir

gushushanya

dibujar

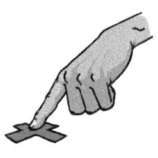

kwerekana

mostrar

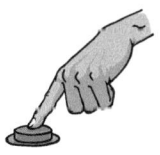

gusunika

presionar

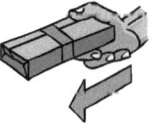

gutanga

dar

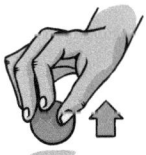

gufata

tomar

kugira
....
tener

gukora
....
hacer

kuba
....
ser

guhaguruka
....
estar parado

kwiruka
....
correr

gukurura
....
tirar

kujugunya
....
tirar

kugwa
....
caer

kuryama
....
estar acostado

gutegereza
....
esperar

kwikorera
....
llevar

kwicara
....
estar sentado

kwambara
....
vestirse

gusinzira
....
dormir

gukanguka
....
despertar

kureba

mirar

kurira

llorar

kwagaza

acariciar

gusokoza

peinar

kuvuga

hablar

gusobanukirwa

entender

kubaza

preguntar

kumva

escuchar

kunywa

beber

kurya

comer

gushyira ku murongo

ordenar

gukunda

amar

guteka

cocinar

gutwara imodoka

manejar

kuguruka

volar

kugashya

navegar

kubara

calcular

gusoma

leer

kwiga

aprender

gukora

trabajar

kurongora

casarse

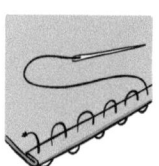

kudoda

coser

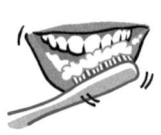

uburoso bw'amenyo

cepillarse los dientes

kwica

matar

kunywa itabi

fumar

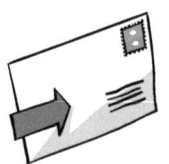

kohereza

enviar

umuryango
la familia

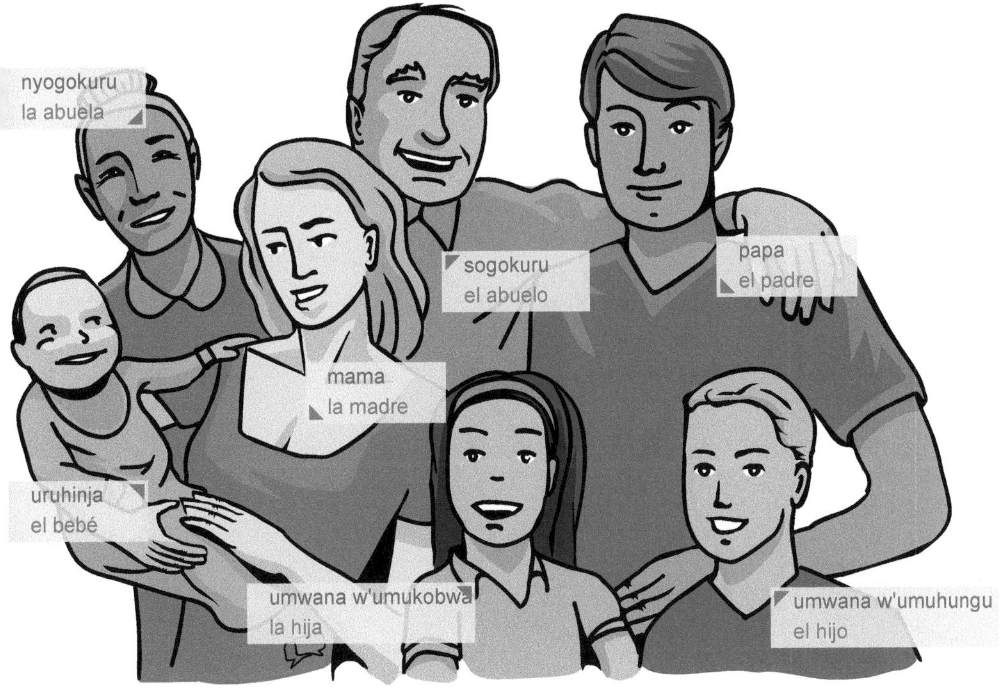

nyogokuru
la abuela
sogokuru
el abuelo
papa
el padre
mama
la madre
uruhinja
el bebé
umwana w'umukobwa
la hija
umwana w'umuhungu
el hijo

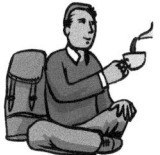

umushyitsi
....
el invitado

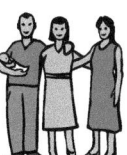

masenge
....
la tía

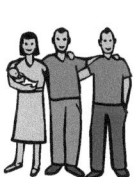

marume
....
el tío

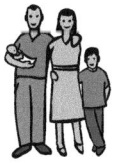

musaza wange
....
el hermano

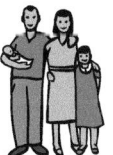

mushiki wange
....
la hermana

umubiri

el cuerpo

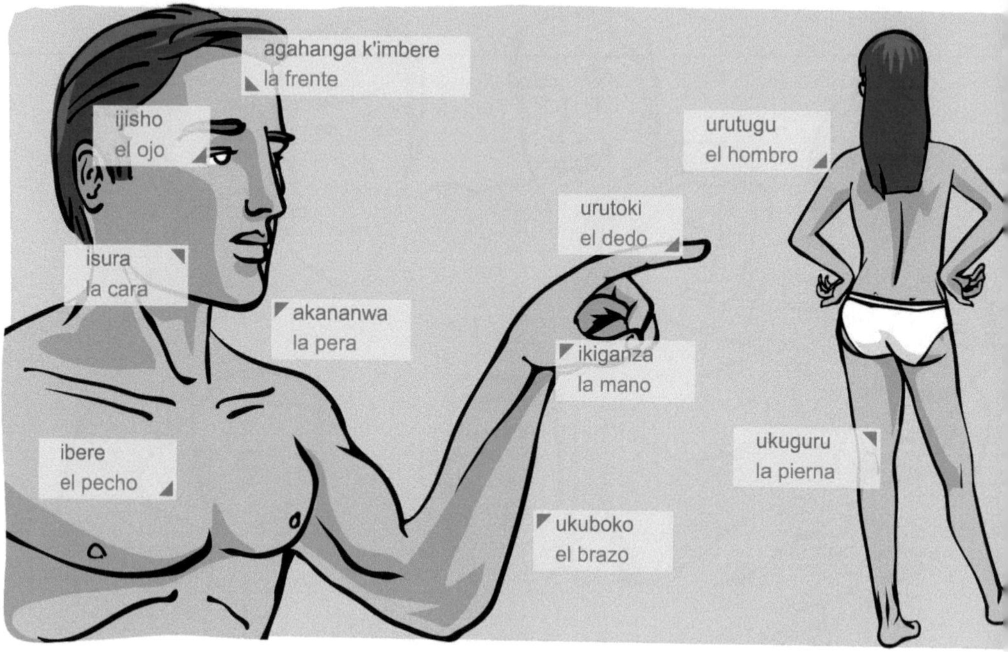
agahanga k'imbere
la frente
ijisho
el ojo
urutugu
el hombro
urutoki
el dedo
isura
la cara
akananwa
la pera
ikiganza
la mano
ibere
el pecho
ukuguru
la pierna
ukuboko
el brazo

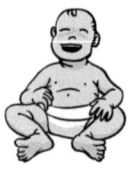

uruhinja

el bebé

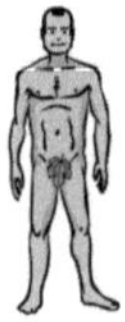

umugabo

el hombre

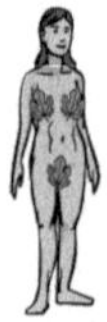

umugore

la mujer

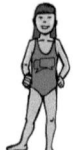

umukobwa

la nena

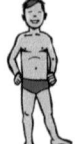

umuhungu

el nene

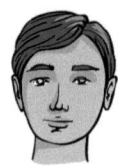

umutwe

la cabeza

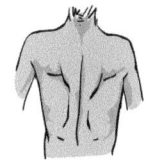

umugongo

la espalda

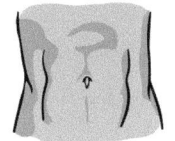

inda

la panza

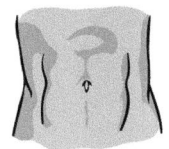

umukondo

el ombligo

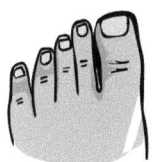

ino

el dedo del pie

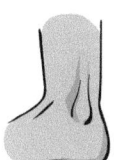

agatsinsino

el talón

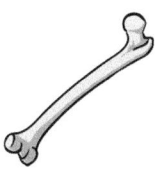

igufa

el hueso

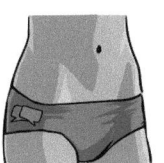

amayunguyungu

la cadera

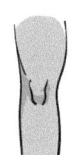

ivi

la rodilla

inkokora

el codo

izuru

la nariz

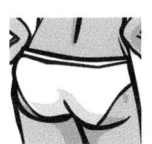

ikibuno

la cola

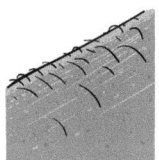

uruhu

la piel

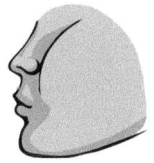

itama

el cachete

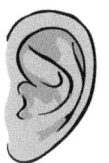

ugutwi

la oreja

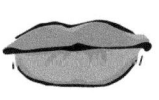

umunwa

el labio

mu munwa

la boca

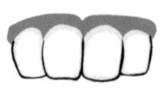

iryinyo

el diente

ururimi

la lengua

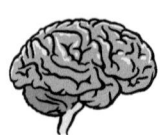

ubwonko

el cerebro

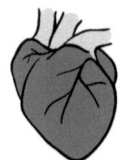

umutima

el corazón

umutsi

el músculo

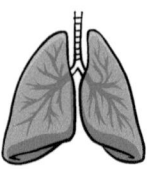

ibihaha

el pulmón

umwijima

el hígado

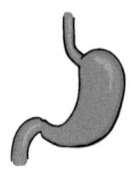

igifu

el estómago

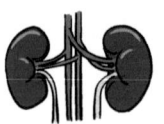

impyiko

los riñones

igitsina

el sexo

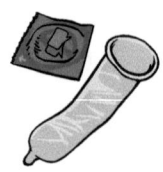

agakingirizo

el preservativo

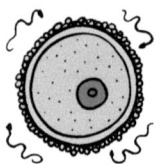

intanga

el óvulo

amasohoro

el semen

gusama inda

el embarazo

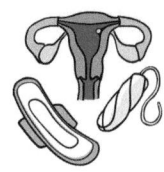

imihango
la menstruación

igituba
la vagina

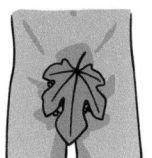

imboro
el pene

ibitsike
la ceja

umusatsi
el pelo

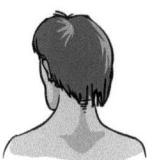

ijosi
el cuello

ibitaro
el hospital

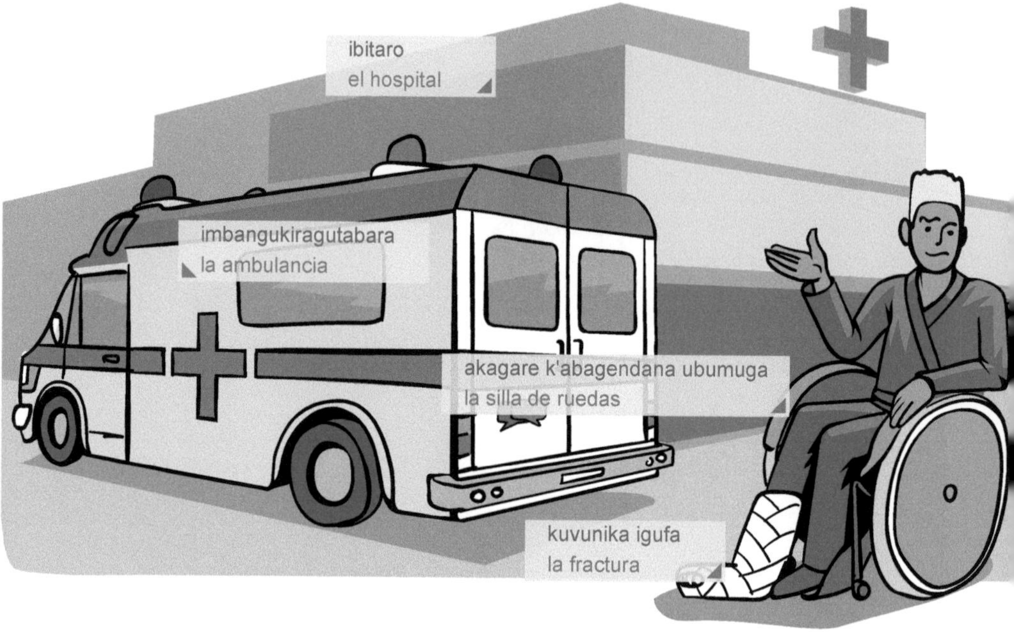

ibitaro
el hospital
imbangukiragutabara
la ambulancia
akagare k'abagendana ubumuga
la silla de ruedas
kuvunika igufa
la fractura

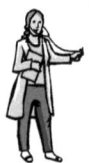

muganga

el médico

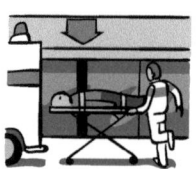

icyumba k'indembe

la sala de guardia

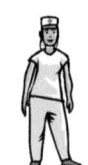

umuforomo kazi

la enfermera

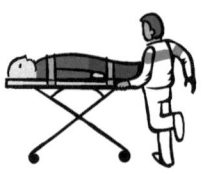

mu ndembe

la emergencia

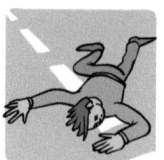

guta ubwenge

inconsciente

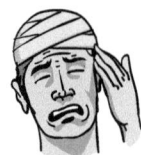

ububabare

el dolor

igikomere

la lesión

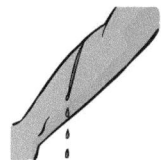

kuva amaraso

la hemorragia

gufatwa n'umutima

el infarto

kuziba k'udutsi two mu bwonko

el ACV

kwivumbura k'umubiri

la alergia

inkorora

la tos

umuriro

la fiebre

ibicurane

la gripe

impiswi

la diarrea

kurwara umutwe

el dolor de cabeza

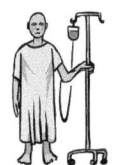

kanseri

el cáncer

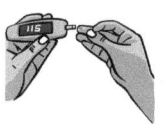

diyabete

la diabetes

muganga ubaga

el cirujano

icyuma kibaga umurwayi

el bisturí

kubagwa

la operación

ibitaro - el hospital

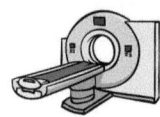

ifoto yo mu cyuma

la TC

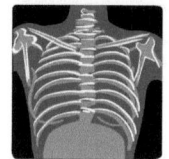

radiyo

los rayos x

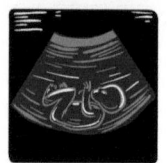

isuzuma rikoresha amajwi

la ecografía

agapfukamunwa

el barbijo

indwara

la enfermedad

icyumba bategererezamo

la sala de espera

imbago yo kwicumba

la muleta

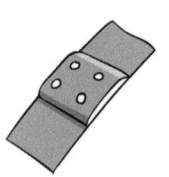

pasema

la curita

igipfuko

la venda

urushinge

la inyección

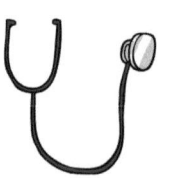

igipimo cy'umutima

el estetoscopio

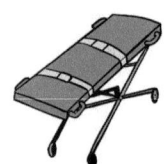

burankari

la camilla

igipimo cy'umuriro

el termómetro

ivuka

el nacimiento

umubyibuho ukabije

el sobrepeso

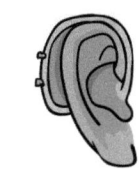

unganirangingo y'amatwi

el audífono

umuti wica mikorobe

el desinfectante

ubwandu

la infección

virusi

el virus

Virusi itera sida / Sida

el VIH / SIDA

ubuganga

el remedio

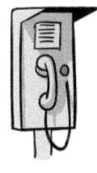

gukingira

la vacunación

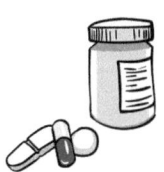

ibinini

los comprimidos

ikinini

la pastilla anticonceptiva

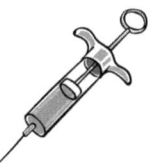

guhamagara byihutirwa

llamada de emergencia

igenzura ry'umuvuduko
w'amaraso

el tensiómetro

urwaye / ufite amagara
meza

enfermo / sano

Ntabara!

¡Ayuda!

inzogera itabaza

la alarma

gusagarira

la agresión

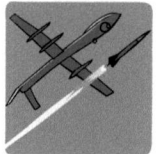

igitero

el ataque

icyateza amakuba

el peligro

umuryango unyuramo ukiza amagara

la salida de emergencia

Inkongi!

¡Fuego!

ikizimyamuriro

el matafuego

impanuka

el accidente

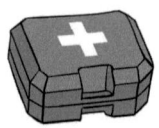

ibikoresho by'ubutabazi bw'ibanze

el botiquín de primeros auxilios

induru itabaza

el SOS

polisi

la policía

Uburayi

Europa

Amerika y'Amajyaruguru

América del Norte

Amerika y'Amagepfo

América del Sur

Afurika

África

Aziya

Asia

Ositarariya

Australia

Atalantika

el Atlántico

Oasifika

el Pacífico

Inyanja y'Abahinde

el Océano Índico

Inyanja y'Antagitika

el Océano Antártico

Inyanja y'Arigitika

el Océano Ártico

Amajyaruguru y'Isi

el polo norte

Amagepfo y'Isi

el polo sur

Antaragitika

la Antártida

Isi

la Tierra

ubutaka

la tierra

ikiyaga

el mar

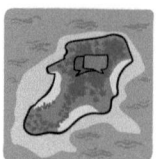

ikirwa

la isla

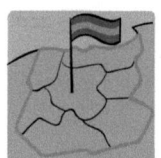

igihugu

la nación

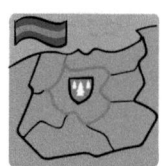

Ieta

el estado

kadere y'isaha

la esfera

urushinge rw'amasaha

la manecilla de las horas

urushinge rw'iminota

el minutero

ushinge rw'amasegonda

el segundero

ni isaha ki?

¿Qué hora es?

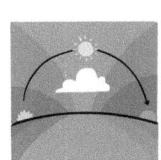

umunsi

el día

igihe

la hora

nonaha

ahora

isaha y'imibare

el reloj digital

iminota

el minuto

amasaha

la hora

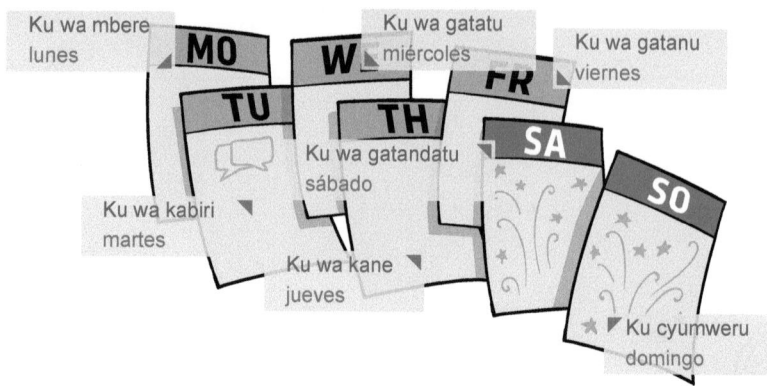

Ku wa mbere
lunes

Ku wa gatatu
miércoles

Ku wa gatanu
viernes

Ku wa kabiri
martes

Ku wa gatandatu
sábado

Ku wa kane
jueves

Ku cyumweru
domingo

ejo hashize

ayer

hoy

ejo hazaza

mañana

igitondo

la mañana

saa sita

el mediodía

ku mugoroba

la tarde

iminsi y'akazi

los días hábiles

wikendi

el fin de semana

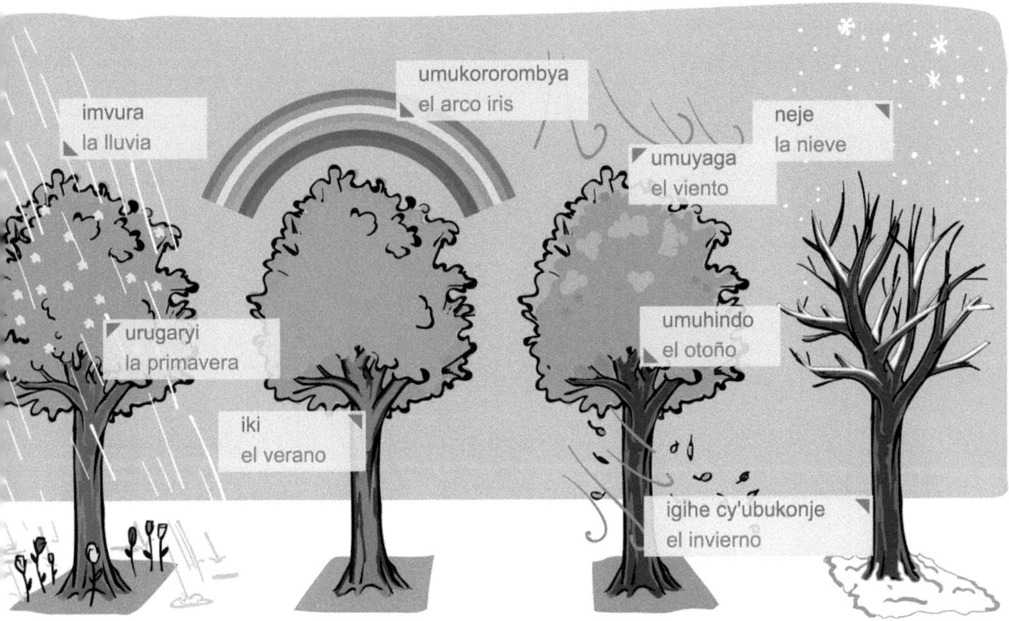

imvura
la lluvia

umukororombya
el arco iris

neje
la nieve

umuyaga
el viento

urugaryi
la primavera

umuhindo
el otoño

iki
el verano

igihe cy'ubukonje
el invierno

4.APRIL	11°	☀
5.APRIL	4°	🌦
6.APRIL	13°	☂
7.APRIL	8°	☀
8.APRIL	10°	☀

iteganyagihe

pronóstico meteorológico

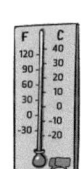

igipimo cy'ubushyuhe

el termómetro

izuba rirashe

la luz del sol

ibicu

la nube

ibihu

la niebla

ububobere

la humedad

umurabyo

el rayo

inkuba

el trueno

umuhengeri

la tormenta

urubura

el granizo

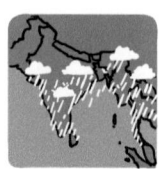

imiyaga ihuha iturutse mu nyanja

el monzón

umwuzure

la inundación

barafu

el hielo

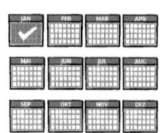

Mutarama

enero

Gshyantare

febrero

Werurwe

marzo

Mata

abril

Gicurasi

mayo

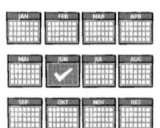

Kamena

junio

Nyakanga

julio

Kanama

agosto

Nzeri

septiembre

Ukwakira

octubre

Ugushyingo

noviembre

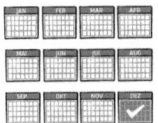

Ukuboza

diciembre

uruziga

el círculo

mpandenye

el cuadrado

urukiramende

el rectángulo

mpandeshatu

el triángulo

umubumbe

la esfera

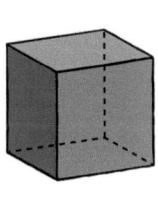

kibe

el cubo

umweru
....
blanco

umuhondo
....
amarillo

oranje
....
naranja

iroza
....
rosa

umutuku
....
rojo

isine
....
violeta

ubururu
....
azul

icyatsi kibisi
....
verde

igihogo
....
marrón

ikigina
....
gris

umukara
....
negro

byinshi / bike

mucho / poco

urakaye / utuje

enojado / tranquilo

mwiza / mubi

lindo / feo

intangiriro / impera

el principio / el fin

kinini / gito

grande / chico

gikeye / kijimye

claro / oscuro

musaza / mushiki

el hermano / la hermana

gisukuye / cyanduye

limpio / sucio

kirangiye / kitarangiye

completo / incompleto

umunsi / ijoro

el día / la noche

wapfuye / muzima

muerto / vivo

hagari / hafunganye

ancho / angosto

kiribwa / kitaribwa

comestible / no comestible

umugome / ugwa neza

malo / amable

ushishikaye / warambiwe

entusiasmado / aburrido

ubyibushye / unanutse

gordo / flaco

mbere / nyuma

primero / último

inshuti / umwanzi

el amigo / el enemigo

cyuzuye / kirimo ubusa

lleno / vacío

gikomeye / cyoroshye

duro / blando

kiremeye / kitaremereye

pesado / liviano

inzara / inyota

el hambre / la sed

urwaye / ufite amagara meza

enfermo / sano

kemewe n'amategeko / kibujijwe n'amategeko

ilegal / legal

umunyabwenge / igicucu

inteligente / estúpido

iburyo / ibumoso

izquierda / derecha

hafi / kure

cerca / lejos

gishya / cyakoze
nuevo / usado

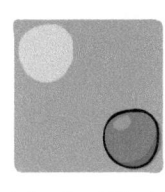

nta kintu gihari / hari ikintu gihari
nada / algo

ushaje / muto
viejo / joven

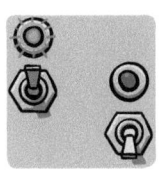

atsa / zimya
encendido / apagado

gifunguye / gifunze
abierto / cerrado

ucecetse / usakuza
silencioso / ruidoso

ukize / ukennye
rico / pobre

ni byo / si byo
correcto / incorrecto

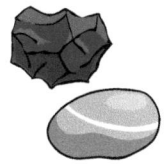

hahanda / hahehereye
áspero / suave

urakaye / wishimye
triste / contento

mugufi / muremure
corto / largo

urandaga / wihuta
lento / rápido

utose / wumye
mojado / seco

ashyushye / ahoze
caliente / frío

intambara / amahoro
guerra / paz

0

zeru

cero

1

rimwe

uno

2

kabiri

dos

3

gatatu

tres

4

kane

cuatro

5

gatanu

cinco

6

gatandatu

seis

7

karindwi

siete

8

umunani

ocho

9

icyenda

nueve

10

icumi

diez

11

cumi na rimwe

once

12

cumi na kabiri

doce

13

cumi na gatatu

trece

14

cumi na kane

catorce

15

cumi na gatanu

quince

16

cumi na gatandatu

dieciséis

17

cumi na karindwi

diecisiete

18

cumi n'umunani

dieciocho

19

cumi n'icyenda

diecinueve

20

makumyabiri

veinte

100

ijana

cien

1.000

igihumbi

mil

1.000.000

miliyoni

el millón

Icyongereza

el inglés

Icyongereza cy'Abanyamerika

el inglés americano

Igishinwa k'ikimandarini

el chino mandarín

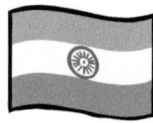

Igihindi

el hindi

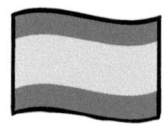

Ikesipanyoro

el español

Igifaransa

el francés

Icyarabu

el árabe

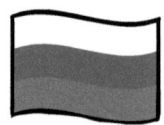

Ikirusiya

el ruso

Igiporutigari

el portugués

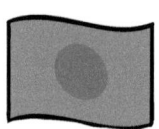

Ikibengari

el bengalí

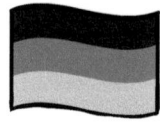

Ikidage

el alemán

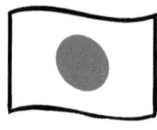

Ikiyapani

el japonés

ge

yo

wowe

vos

♂ ♀ ○

we / we / we

él / ella

twe

nosotros

mwe

ustedes

bo

ellos

nde?

¿quién?

iki?

¿qué?

gute?

¿cómo?

hehe?

¿dónde?

ryari?

¿cuándo?

HELLO, I AM

izina

el nombre

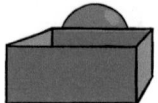

inyuma

detrás

mo imbere

en

imbere ya

adelante de

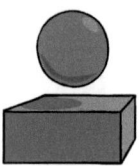

hejuru ya

por encima de

kuri

sobre

munsi ya

debajo de

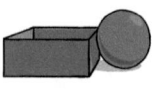

iruhande

al lado de

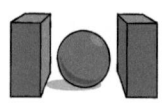

hagati

entre

ahantu

el lugar